FACULTÉ DE DROIT DE PARIS.

Thèse

POUR LA LICENCE.

L'acte public sur les matières ci-après sera soutenu, le mercredi 29 novembre 1854, à une heure,

Par THIBAUT COTHENET, né à Ysomes (Haute-Marne).

Président : M. OUDOT, Professeur.

Suffragants :
- MM. BUGNET,
- ROYER-COLLARD,   } Professeurs.
- DE VALROGER,
- DUVERGER,   Suppléant.

Le Candidat répondra en outre aux questions qui lui seront faites sur les autres matières de l'enseignement.

PARIS.

VINCHON, FILS ET SUCCESSEUR DE Mme Ve BALLARD,
Imprimeur de la Faculté de Droit,
RUE J.-J. ROUSSEAU, N° 8.

1854.

A LA MÉMOIRE DE MON PÈRE ET DE MA MÈRE,

Regrets éternels !

A M. L'ABBÉ DRIOUX,

Professeur de philosophie, membre de la Société littéraire de l'Université catholique de Louvain,

Hommage de profond respect et de vive gratitude.

T. COTHENET.

DROIT FRANÇAIS.

DES DONATIONS ENTRE VIFS.
(Code Nap., 931-966. — Loi du 21 juin 1843, art. 2.)

L'homme qui, renonçant au plus beau droit dont il puisse s'enorgueillir, le droit de maître, le droit de propriété sur une chose, s'en dépouille pour le donner comme un bienfait de l'amitié ou une récompense au mérite et à la vertu ; cet homme-là, ce semble, mériterait d'être encouragé par les lois. Cependant la disposition à titre gratuit a toujours été soumise à des conditions de forme et de capacité plus rigoureuses que celles exigées pour les autres actes ; ce qui a fait dire, à presque tous les auteurs, que le législateur avait vu les donations avec défaveur. Quant à nous, s'il nous était permis d'émettre notre opinion, voici comment nous expliquerions cette rigueur de la loi :

Le législateur, devant appuyer son œuvre sur la loi morale, ne pouvait qu'applaudir à cet acte de noble désintéressement ; mais, connaissant le cœur humain et son désir de posséder, il devait aussi prévoir qu'il serait fait appel à toutes les ruses, à toutes les manœuvres pour agir sur l'homme dont on convoiterait la fortune, pour le circonvenir et le surprendre comme dans un piége. Il fallait donc mettre le donateur en garde contre ce danger; il fallait donner à la donation toute la publicité, toute la solennité possibles; il fallait l'entourer de conditions nombreuses et efficaces et éviter, de cette façon, toute surprise de la part du donateur.

La loi, étant assurée que la donation ne pourra être que le fait d'une volonté réfléchie, devait accorder sa protection au donataire et à la famille. Pour protéger le donataire contre les caprices du donateur, elle exige le dessaisissement actuel et irrévocable; et pour protéger la famille, elle établit la réserve et la révocation pour survenance d'enfants.

Ainsi donc, nous expliquons la rigueur de la loi relativement aux donations, par la nécessité imposée au législateur de sauvegarder le triple intérêt du donateur, du donataire et de la famille.

DÉFINITION DE LA DONATION.

L'art. 894 définit la donation entre vifs : un acte par lequel le donateur se dépouille actuellement et irrévocablement de la chose donnée en faveur du donataire qui l'accepte.

Lors de la discussion du projet de Code au conseil d'État, le mot *contrat* fut remplacé par le mot *acte*, sur une observation du premier consul : un contrat, dit-il, impose des charges mutuelles aux deux contractants, tandis que dans la donation, acte essentiellement libéral, le concours de deux volontés n'a lieu que pour faire le don et l'accepter, mais nullement pour engendrer des obligations.

Tout en reconnaissant que le mot acte serait plus exact si la donation n'était jamais qu'une pure libéralité, l'expression contrat aurait dû être maintenue en raison des charges qui s'y trouvent souvent imposées.

Le Code lui-même, dans d'autres articles, a considéré la donation comme un contrat, notamment dans l'art. 1105. La donation est donc un contrat, mais il faut le dire, un contrat *sui generis*, soumis aux règles générales des conventions, d'une part, et, d'autre part, à des règles spéciales.

Ire SECTION.

De la forme des donations entre vifs.

Il faut entendre par forme de la donation, non seulement la forme extérieure dont elle doit être revêtue, mais encore la forme intrinsèque qui comprend tout ce qui est nécessaire pour la faire exister.

Les formes de la donation entre vifs sont : la rédaction de l'acte, l'acceptation expresse, l'état estimatif, la transcription, le dessaisissement actuel et irrévocable.

§ 1er. — Acte authentique et solennel.

L'art. 931 nous dit : tous actes portant donation doivent être passés devant notaires dans la forme ordinaire des contrats, et il en restera minute, sous peine de nullité.

Remarquons d'abord que cet article ne dit pas que l'acte notarié soit nécessaire pour toute libéralité, ni même qu'il soit nécessaire pour toute donation ; il dit seulement que quand un acte portera donation, cet acte devra être notarié.

Ainsi quand j'abandonne gratuitement et sans aucune compensation, un droit quelconque que j'avais contre vous ; quand je déchire le titre qui constatait votre dette vis-à-vis de moi ou mon droit de passage sur votre immeuble, cet abandon de mon droit, qui peut s'accomplir même à votre insu, ne demande en aucune façon la rédaction d'un acte notarié.

Les donations sont encore dispensées de cette formalité, quand elles consistent en dons manuels, en objets mobiliers, et elles ne sont soumises qu'aux règles des contrats à titre onéreux quand elles en sont l'accessoire ou qu'elles sont déguisées sous la forme de ces contrats.

Les actes portant donation doivent être passés dans la forme ordinaire des contrats. Pour connaître cette forme, il faut recourir à la loi organique du notariat du 25 ventôse de l'an XI ; cette loi décidait que les actes notariés seraient passés soit en présence de deux notaires, soit en présence d'un notaire et de deux témoins ; mais les deux notaires ou le notaire et les témoins devaient-ils être présents à la lecture de l'acte et à la signature des parties ? La pratique avait décidé la question négativement. S'appuyant sur la loi de ventôse, plusieurs Cours d'appel, et enfin en 1841, la Cour de cassation, annulèrent des actes de donation entachés de ce vice de la pratique.

Le notariat s'émut et le législateur crut devoir intervenir : une loi en date du 21 juin 1843 déclara « Art 1er : Les actes « notariés passés depuis la promulgation de la loi du 25 ven- « tôse de l'an XI ne pourront être annulés par le motif que le « notaire en second ou les deux témoins instrumentaires n'au- « raient pas été présents à la réception de l'acte. » Cet article contenant une amnistie pour le passé est suivi d'un autre article qui énumère les actes pour lesquels la présence du notaire en second ou des deux témoins sera nécessaire, à peine de nullité. Parmi ces actes se trouve indiqué la donation. De sorte que, maintenant, d'après la loi de 1843, il faut, à peine de nullité, que la donation soit reçue en présence du deuxième notaire ou des deux témoins.

L'acte de donation n'est donc pas seulement un acte authentique, c'est de plus un acte solennel.

§ 2. — Acceptation expresse.

Cette solennité ne suffit pas, car l'art. 932 s'exprime ainsi :
« La donation entre vifs n'engagera le donataire et ne produira
« aucun effet que du jour où elle aura été acceptée en termes
« exprès. »
Cette donation, étant un contrat, exige, pour sa formation, le concours de la volonté des deux parties. Elle n'est parfaite que du jour de l'acceptation par le donataire ; jusque-là ce n'est qu'un simple acte, un projet que le donateur peut révoquer. Et par cette acceptation, nous n'entendons pas ici seulement le consentement que doit donner le donataire ; ce consentement n'est pas une formalité, il est de l'essence des donations, comme de toutes les conventions.

L'acceptation qui est requise comme une formalité particulière aux actes de donation, c'est la mention expresse qui doit être faite de l'acceptation des donations.

L'acceptation du donataire ne se présume donc pas, elle doit être faite en termes exprès. L'offre et l'acceptation se font habituellement devant le même notaire, dans un seul et même acte ; il n'est cependant pas nécessaire que cette dernière ait lieu dans l'acte même qui contient la donation ; elle peut être faite par un acte postérieur, pourvu que le donateur soit encore vivant. Il faut, en outre, dans ce cas, que l'acceptation soit notifiée au donateur, et ce n'est qu'à partir de cette notification que la donation devient irrévocable à son égard.

Voyons maintenant par quelles personnes cette acceptation doit être faite :

1° Si le donataire est majeur et non interdit, il doit accepter lui-même ou par un fondé de pouvoir muni d'une procuration authentique, dont une expédition devra être annexée à la minute de la donation ou à la minute de l'acceptation qui serait faite par acte séparé. Cette procuration authentique doit être spéciale ; c'est-à-dire qu'elle doit porter seulement pouvoir d'accepter la donation faite, ou, tout au plus, un pouvoir général d'accepter les donations qui auraint été ou qui pourraient être faites au mandant. Le Code est, sous ce rapport, plus sévère que l'ordonnance de 1731, qui n'exigeait pas une procuration authentique, et validait l'acceptation faite par un mandataire général du donataire ou même par toute personne se portant fort pour lui.

Dans ce dernier cas cependant, la donation n'avait d'effet que du jour où le donataire avait ratifié l'acceptation d'une manière expresse (art. 6 de l'ordonnance de 1731).

2° La femme mariée ne peut accepter régulièrement une donation sans le consentement de son mari, ou en cas de refus du mari, sans autorisation de justice (art. 934). Il y a là, en dehors même de l'intérêt, un motif de moralité et de convenance.

3° Si le donataire est un mineur non émancipé ou un interdit, l'acceptation doit être faite par le tuteur, autorisé du conseil de famille. C'est encore là une innovation du Code ; car l'ordonnance de 1731 dispensait formellement le tuteur, par son art. 7, de l'autorisation de ce conseil.

Le mineur émancipé ne peut accepter sans l'assistance de son curateur.

La loi, dans l'intérêt du mineur, émancipé ou non, a permis que son père, sa mère, ou tout autre ascendant, même du vivant des père et mère, et bien qu'il ne soit ni tuteur ni curateur de ce mineur, accepte pour lui une donation ; et, dans ce cas, l'autorisation du conseil de famille n'est pas exigée. Mais il est essentiel de remarquer ici que la loi ne fait pas aux ascendants qui ne sont pas tuteurs un devoir d'accepter ; elle les autorise seulement. Aussi le mineur n'a-t-il contre eux aucune espèce de recours, tandis qu'il en a un contre le tuteur, même ascendant, qui aurait négligé de faire cette acceptation.

L'art. 509 assimilant l'interdit au mineur pour sa personne et pour ses biens, nous pensons que l'art. 935 lui est applicable, et qu'on doit par conséquent décider que son père, sa mère, ou tout autre ascendant, peuvent, comme s'il s'agissait d'un mineur, accepter une donation qui lui serait faite.

Nous déciderons aussi, par application des art. 225 et 1125, que l'acceptation expresse faite par le mineur en tutelle, par la femme mariée, le mineur émancipé ou l'interdit, sans l'autorisation ou l'assistance requise par la loi, quoique sans effet contre le donataire incapable, devra produire tout son effet contre le donateur.

4° Le sourd-muet qui sait écrire peut accepter lui-même ou par son fondé de pouvoir. S'il ne sait pas écrire, il ne peut accepter que par un curateur *ad hoc*, nommé par son conseil de famille.

5° Quant aux libéralités en faveur des pauvres d'une commune, des hospices, des établissements publics, l'acceptation doit en être faite par leurs représentants légaux dûment autorisés.

Ce mode d'autorisation a été plusieurs fois modifié par les lois et ordonnances qui ont statué à son sujet depuis le Code Napoléon.

Les art. 910 et 937 voulaient que l'autorisation d'acceptation émanât du gouvernement; on s'aperçut bientôt qu'il serait gênant pour les administrations de recourir à l'autorité centrale pour des libéralités d'une minime importance, et qu'il résulterait de là des embarras pour l'autorité surchargée de tous ces détails.

Alors intervinrent, d'abord, un arrêté du gouvernement du 4 pluviôse an XII, qui délégua aux sous-préfets le pouvoir d'autoriser l'acceptation des dons et legs, soit en argent, soit en denrées, soit en meubles, quand leur valeur n'excéderait pas 300 fr. de capital et quand ces dons seraient faits à titre gratuit; puis une ordonnance du 10 juin 1814 qui conféra aux préfets le pouvoir accordé précédemment aux sous-préfets, et chargea le ministre de l'intérieur d'autoriser l'acceptation des donations en argent, quand elles seraient supérieures à 300 fr., mais inférieures à 1,000 fr.

L'ordonnance du 2 avril 1817 maintint la première disposition de la loi précédente, mais réserva au roi le pouvoir d'autoriser l'acceptation de toutes donations supérieures à 300 fr.

L'art. 48 de la loi du 18 juillet 1837, sur les communes, permit aux préfets d'autoriser l'acceptation des dons d'objets mobiliers ou de sommes d'argent, quand leur valeur n'excéderait pas 3,000 fr., et lorsqu'il n'y aurait pas contestation; mais il exigea l'autorisation royale pour l'acceptation des dons immobiliers ou des dons mobiliers dépassant 300 fr., ou bien, en cas de réclamation des successibles. De plus, si les délibérations de l'administration municipale portaient refus de l'offre, elles n'étaient exécutoires qu'en vertu d'une ordonnance du roi; cette loi autorisait cependant le maire à accepter, à titre conservatoire, la libéralité, en vertu de la délibération du conseil municipal; et, si l'arrêté ou l'ordonnance permettait ensuite cette acceptation, celle-ci produisait son effet, du jour où elle avait été faite.

L'art. 48 de la loi du 18 juillet 1837 déroge donc implicitement aux art. 910 et 937 du Code Napoléon; car, d'après ceux-ci, l'autorisation devait précéder l'acceptation, et comme jusqu'à cette dernière époque, rien n'était consommé, quant à la donation entre vifs, le donateur pouvait révoquer la libéralité, qui devenait caduque s'il mourait avant l'acceptation dûment autorisée.

Enfin, le décret de décentralisation du 25 mars 1852 porte que les préfets statueront désormais sur l'acceptation des dons et legs, lorsqu'il n'y aura pas réclamation des familles (art. 1er, tableau a, 42°).

La loi établit une différence entre les formalités exigées pour les actes portant donation d'objets mobiliers et ceux portant donation d'objets immobiliers.

§ 3. — État estimatif des meubles (art. 948.)

Tout acte de donation d'effets mobiliers doit, sous peine de nullité, être accompagné d'un état estimatif, signé du donateur et du donataire, ou de ceux qui acceptent pour lui. Dans le système de l'ordonnance de 1731, cet état avait pour but de suppléer à la tradition réelle, quand la donation mobilière n'avait pas reçu son exécution immédiate ; ce qui le prouve, c'est que la donation de meubles, suivie de tradition réelle, en était dispensée ; cette tradition assurant, en effet, beaucoup mieux que l'état lui-même l'irrévocabilité de la donation. Cet état n'était qu'énumératif, et son défaut empêchait seulement le donataire d'exiger soit du donateur lui-même, soit de ses héritiers, la délivrance des meubles non constatés par état ; mais l'effet de la donation se trouvait assuré par la mise en possession du donataire, en vertu même de l'exception établie en faveur des donations suivies de tradition réelle.

Le Code ne reproduit pas cette exception ; et, d'un autre côté, il exige non plus un état simplement descriptif, mais un état qui soit tout à la fois estimatif et descriptif, et il l'exige, sous peine de nullité, ce que ne faisait pas l'ordonnance. Cette estimation aura son utilité, quand il s'agira de statuer sur les difficultés qui pourront surgir dans les cas de révocation, de résolution, de rapport, de réduction, de réserve, d'usufruit.

§ 4. — Transcription.

Avant la promulgation du Code Napoléon, les donations étaient soumises à une espèce d'enregistrement, appelée insinuation, qui se faisait au greffe des tribunaux, et, en outre, pour les actes de donations d'objets immobiliers, à la transcription exigée par la loi du 11 brumaire de l'an VII.

Les rédacteurs du Code retranchèrent la formalité de l'insinuation; quant à la transcription dont parle l'art. 939, des auteurs, et particulièrement Toullier, soutiennent qu'elle n'est plus qu'une formalité conseillée par la prudence à ceux qui veulent purger les priviléges et les hypothèques (art. 2181).

L'on sait que la transcription, exigée par la loi de brumaire pour rendre efficaces vis-à-vis des tiers les actes translatifs de propriété, avait été admise dans le projet du Code; qu'elle avait été adoptée au conseil d'État, après une discussion animée, et que cependant elle a disparu dans la rédaction définitive et officielle. Cette disparition, qui a pour effet incontestable de rendre en général les actes translatifs de propriété efficaces par eux-mêmes vis-à-vis des tiers, et de réduire la transcription à n'être plus qu'un préliminaire de la purge des hypothèques, doit-elle avoir le même résultat quant à la transcription en matière de donation?

Selon nous, on ne le saurait soutenir; car cette disparition ne peut abroger les dispositions formelles des art. 939 à 942. On voit, dans les procès-verbaux du conseil d'État, qu'on n'entendait préjuger en rien le système hypothécaire à adopter par la suite; d'où la conséquence que la transcription en matière de donation fut réglée indépendamment du parti à prendre sur la transcription en général; et par suite, les principes de la loi de brumaire, abrogés pour les contrats à titre onéreux, sont demeurés en vigueur pour les donations.

Cela posé, nous allons examiner quelles sont les donations qui doivent être transcrites, quelles personnes doivent et peuvent faire opérer cette transcription et celles qui peuvent se prévaloir du défaut de cette formalité :

1° Quelles sont les donations qui doivent être soumises à la transcription ?

L'art. 939 nous répond que ce sont les donations de biens susceptibles d'hypothèques. Au moment où le titre des donations fut discuté, les législateurs n'étaient pas encore fixés sur la désignation des biens qui seraient susceptibles d'hypothèques, et c'est l'art. 2118 qui nous donne la réponse : ce sont les immeubles. Faut-il toutefois comprendre dans le mot *immeuble* tous les immeubles, soit par nature, soit par destination, soit par l'objet auquel ils s'appliquent? Oui, en général; cependant, nous croyons que les servitudes et les actions tendant à revendiquer les immeubles (art. 526) ne sont pas susceptibles d'hypothèques. Il ne faut pas oublier que la transcription est une mesure exceptionnelle, et qu'on ne saurait, par conséquent, l'appliquer en dehors des termes formels de la loi.

2° Quelles sont les personnes qui doivent et peuvent faire opérer la transcription ?

C'est au donataire, en général, à requérir la transcription, puisque c'est lui surtout qu'elle intéresse. Mais quand le donataire est un incapable, le soin de faire transcrire a été confié, par l'art. 940, au mari s'il s'agit d'une donation faite à sa femme, au tuteur, au curateur ou à l'administrateur s'il s'agit d'une donation faite à un mineur, à un interdit, ou à un établissement public. Cet article 940 n'a pas eu toutefois pour but de limiter le nombre de ceux qui peuvent requérir la transcription d'une donation faite à un incapable. Il a voulu seulement indiquer les personnes qui seraient responsables du préjudice causé à l'incapable par le défaut de transcription.

Ainsi, un parent, un ami de l'incapable, et ce dernier lui-même, peuvent très-bien requérir l'accomplissement de cette formalité.

Remarquons aussi que le curateur du mineur émancipé, n'étant pas chargé de l'administration des biens appartenant à ce mineur, ne doit pas être obligé de faire transcrire, comme le tuteur et le mari. C'est donc à tort que l'art. 940 le compte parmi les personnes obligées de requérir cette transcription. Ce qui le prouve d'ailleurs, c'est que l'art. 942 ne le mentionne pas au nombre de ceux qu'il fait responsables du défaut d'accomplissement de cette formalité.

Nous en dirons autant du mari qui ne serait pas administrateur des biens de sa femme.

3° Quelles personnes peuvent se prévaloir du défaut de transcription ?

Nous répondrons avec l'art. 941 et en le prenant à la lettre : « toutes personnes ayant intérêt, excepté toutefois celles qui sont « chargées de faire transcrire ou leurs ayants cause et le dona- « teur. » Mais, interprétant cet article d'après la loi de brumaire, nous dirons que ceux-là seuls pourront opposer le défaut de transcription qui, dans l'intervalle de l'aliénation à la transcription, auront acquis un droit réel sur l'immeuble donné, soit par convention avec le donateur, soit par jugement rendu contre lui ; car ceux-là seulement se trouvaient protégés par la loi de brumaire.

Ainsi, peuvent invoquer le défaut de transcription :

1° L'acquéreur à titre onéreux d'un droit réel sur l'immeuble donné, lors même qu'il n'aurait pas fait transcrire son contrat d'acquisition ;

2° Le créancier hypothécaire qui a fait inscrire son hypothèque, au plus tard dans la quinzaine de la transcription, pourvu que cette hypothèque remonte à une époque antérieure à celle de la transcription.

3° Le donataire postérieur qui aura fait transcrire.

Ne peuvent pas opposer le défaut de transcription :

1° Les personnes chargées de la requérir; ces personnes sont responsables du défaut de transcription. Elles ne sauraient donc s'en prévaloir, puisqu'elles doivent indemniser l'incapable du tort que leur négligence lui a causé ;

2° Les ayants cause à titre universel ou à titre particulier de ces mêmes personnes ;

3° Le donateur ;

4° L'héritier du donateur et son légataire universel ou à titre universel ;

5° Le légataire à titre particulier ;

6° Le créancier chirographaire.

Ce dernier pourra néanmoins, si sa créance est antérieure à la donation, faire rescinder cette donation, en vertu de l'article 1167, à la charge par lui de prouver qu'elle a été faite en fraude de ses droits.

4° A quelle personne le défaut de transcription peut-il être opposé ?

Au donataire et à ses ayants cause à titre eniversel ou à titre particulier.

§ 5. — Dépouillement actuel et irrévocable.

D'après l'art. 894, le donateur doit se dépouiller *de la chose donnée*, en faveur du donataire qui *l'accepte*. On pourrait croire en prenant ces mots à la lettre, qu'il est nécessaire, pour que la donation soit parfaite et que le donateur ne puisse plus la révoquer, que le donataire *ait accepté la chose donnée*, et qu'il y ait eu, par conséquent, *tradition*. Or, il n'en est pas ainsi : l'art. 938, conforme d'ailleurs aux principes généraux sur la transmission de la propriété dans notre droit actuel, nous en avertit lui-même, puisque, d'après cet article, *la donation dûment acceptée est parfaite par le seul consentement des parties,* manifesté, bien entendu, dans les formes légales et que *la propriété des objets donnés est transférée au donataire sans qu'il soit besoin d'autre tradition.*

Il faut donc se garder de donner au dépouillement du donateur le sens qu'on y attachait dans certaines coutumes, où était appliquée, dans toute sa rigueur, la maxime *donner et retenir ne vaut.* Il n'est pas nécessaire aujourd'hui, que le donateur se dépouille de la possession de l'objet donné, et bien que l'art. 894 nous dise encore que le donateur doit se dépouiller actuellement, il ne faut pas croire que l'adjonction d'un terme ou d'une condition suspensive empêche la donation d'être valable, pas plus qu'il ne faudrait conclure de ces mots : *le donateur doit se dépouiller irrévocablement*, que la donation dût être nécessairement viciée par l'adjonction d'une condition résolutoire. Ce serait exagérer de beaucoup le vœu de la loi. Tout ce qu'elle demande, c'est que le donataire soit investi d'un droit pur et simple, à terme ou conditionnel, qu'il ne puisse être au pouvoir du donateur de révoquer à son gré. La loi veut, en un mot, que le donataire soit créancier du donateur.

Quant à ces expressions de l'art. 938, sans qu'il soit besoin d'autre tradition, ils s'expliquent par les souvenirs des anciens principes, dont le législateur était préoccupé sans doute, quand il l'a rédigé. Il a vu dans le consentement des parties une sorte de tradition, une tradition de droit, et c'est en faisant allusion aux traditions *réelles* ou *feintes*, nécessaires autrefois pour que la donation fût parfaite, qu'il a pu dire *sans qu'il soit besoin d'autre tradition.*

Après avoir posé dans l'art. 894, le principe de l'irrévocabilité des donations entre vifs, la loi, dans les art. 943, 944, 945 et 946, en tire les conséquences suivantes :

1° La donation entre vifs ne peut comprendre que les biens présents du donateur; si elle comprend des biens à venir, elle sera nulle à cet égard (art. 943). L'ordonnance de 1731, plus sévère que le Code, frappait de nullité la donation tout entière.

L'expression de biens présents a, ici, un sens tout à fait spécial. Elle désigne tous les biens présents ou futurs qui sont pour le donateur l'objet d'un droit actuellement ouvert, bien qu'il ne les ait pas encore en sa possession. *Lorsque les biens ne sont pas au pouvoir du donateur*, dit Furgole, *et qu'il n'a aucun droit ni aucune action pure ou conditionnelle pour les prétendre ou pour les espérer, c'est le véritable cas des biens à venir* (1).

2° Toute donation entre vifs, faite sous des conditions dont l'exécution dépend de la seule volonté du donateur, est nulle (art. 944). Cet article ne saurait exclure les conditions mixtes, et ne doit comprendre que celles qui sont potestatives. Quant à la question de savoir si telle condition est potestative ou ne l'est pas, c'est une question de fait, dont la solution dépendra de mille circonstances qui peuvent se présenter.

Sauf l'exception portée dans l'art. 944, la donation peut être faite sous telle condition suspensive ou résolutoire que les parties jugeront convenable. Quant aux conditions impossibles et à celles qui seraient contraires aux lois ou aux mœurs, l'art. 900 les répute non écrites, dans toute donation entre vifs.

Parmi les conditions résolutoires qu'il est permis de stipuler

---

(1) Furgole sur l'ordonnance de 1731, art. 15.

dans une donation, nous distinguerons la condition suspensive qui subordonne l'effet de la libéralité au prédécès du donateur. Une donation faite sous une pareille condition sera valable, malgré l'art. 893 , qui prohibe indirectement les donations à cause de mort, cette condition n'ôtant pas à l'acte le caractère d'irrévocabilité, qui est le signe distinctif de la donation entre vifs.

Nous distinguerons aussi la condition résolutoire inverse, c'est-à-dire la condition qui s'accomplit par le prédécès du donataire. Elle est connue sous le nom de retour conventionnel.

D'après l'art. 951, le donateur pourra stipuler le droit de retour des objets donnés, soit pour le cas du prédécès du donataire, que ce donataire soit ou non sans postérité, soit pour le cas du prédécès du donataire et de ses descendants. Dans cette dernière hypothèse, le droit de retour ne s'ouvrira qu'à la mort du dernier des descendants du donataire, et nous pensons même que l'existence d'un enfant naturel ou d'un enfant adopté avant l'époque de la donation empêcherait ce droit de s'ouvrir. Il en serait autrement si l'enfant n'avait été reconnu ou adopté par le donataire que postérieurement à cette époque ; car il n'est pas à présumer que le donateur ait voulu comprendre cette catégorie d'enfants sous la dénomination générale de descendants. Mais l'enfant naturel du donataire, légitimé depuis la donation, devrait faire obstacle au droit de retour, l'art. 333 déclarant que les enfants légitimés doivent avoir les mêmes droits que les enfants nés du mariage.

L'art. 951, voulant sans doute empêcher le rétablissement indirect des substitutions, déclare que le droit de retour ne pourra être stipulé qu'au profit du donateur seul. Mais qu'arriverait-il, si, nonobstant cette prohibition, le donateur avait stipulé ce droit pour un autre que pour lui ? On devrait considérer cette clause comme illicite, et, par conséquent, comme non écrite, toutes les fois qu'elle ne présenterait pas les caractères de la substitution prohibée par l'art. 896. La nullité de la clause dans le cas contraire, devrait nécessairement entraîner la nullité de la disposition principale; non pas en vertu de l'article 751, puisque cet article ne la prononce pas, et que les nullités ne doivent pas être étendues par analogie, mais en vertu de l'art. 896, qui est formel à cet égard.

Le droit de retour a pour effet de résoudre toutes les aliénations des biens donnés, et de faire revenir ces biens au donateur, francs et quittes de toutes charges et hypothèques, sauf néanmoins l'hypothèque de la dot et des conventions matrimoniales, si les autres biens de l'époux donataire ne suffisent pas, et dans le cas seulement où la donation lui aura été faite par le même contrat de mariage, duquel résultent ces droits et hypothèques (art. 952).

C'est, comme on le voit, l'effet attaché à toute condition résolutoire. L'événement de la condition venant à se réaliser, la donation est censée n'avoir jamais existé, et le donateur considéré comme n'ayant jamais cessé d'être propriétaire des objets de la donation.

Malgré la généralité des termes dont se sert l'art. 952, si la donation consistait en meubles, l'ouverture du droit de retour n'autoriserait pas le donateur à les revendiquer contre les tiers de bonne foi. Son droit se trouverait limité, dans ce cas, par l'art. 2279.

Le donateur, pour exercer son droit de retour contre les héritiers du donataire ou du dernier de ses descendants, a une action personnelle, et, contre tout détenteur, une action réelle en revendication. Ces actions ne s'éteignent, à l'égard des héritiers, que par le laps de trente années, depuis le jour où s'est accomplie la condition résolutoire (art. 2262); mais les tiers détenteurs des immeubles donnés pourront opposer à l'action du donateur, s'ils sont de bonne foi, la prescription par dix ou vingt ans, à compter du jour de l'acquisition de ces immeubles (art. 2265).

3° Si le donataire s'est réservé la liberté de disposer d'un objet compris dans la donation, ou d'une somme fixée sur les biens donnés, cet objet ou cette somme, le donateur venant à mourir sans en avoir disposé, appartient à ses héritiers, nonobstant toutes clauses et stipulations contraires (art. 946).

Cet art. 946 n'est que l'application de l'art. 944 à un objet particulier pris parmi ceux composant la donation, ou à une somme fixe prise sur les biens donnés.

Toute donation entre vifs étant nulle, en effet, d'après cet article, quand elle est faite sous une condition dont l'exécution dépend de la seule volonté du donateur, la donation est nulle, quant à cet objet, ou à cette somme, qui, n'ayant jamais cessé d'appartenir au donateur, doit passer à ses héritiers.

Mais l'art. 946 n'empêche pas le donateur de se réserver, pour en disposer à son gré, la jouissance ou l'usufruit de tout ou partie des meubles ou immeubles donnés. Il y est expressément autorisé par l'art. 949. Le législateur a cru devoir s'expliquer à ce sujet, parce que certaines coutumes, par une fausse interprétation de la maxime *donner et retenir ne vaut*, interdisaient au donateur une pareille réserve.

4° La donation est nulle si elle a été faite sous l'obligation d'acquitter d'autres dettes ou charges que celles qui existaient à l'époque de la donation, ou qui seraient exprimées soit dans l'acte de donation, soit dans l'état qui devrait y être annexé (art. 945).

Ainsi, d'après cet article, dont la rédaction est un peu obscure, le donataire peut être tenu valablement de payer les dettes existantes au jour de la donation, qu'elles soient ou non spécifiées dans l'acte même ou dans l'état qui lui serait annexé ; avec cette différence que, dans le premier cas, le donataire sera obligé de payer toutes les dettes présentes, ou du moins celles qui seront spécifiées dans l'acte ou dans l'état, tandis qu'il ne devra payer, dans la seconde hypothèse, que les dettes qui auront acquis date certaine antérieurement à la donation.

Le donataire peut être encore tenu valablement, d'après l'art. 945, de payer les dettes même futures, pourvu que le chiffre en soit déterminé dans l'acte de donation ou dans l'état qui lui serait annexé. Mais dans ce cas, le donataire devra payer la somme que représentent ces dettes, quand bien même le donateur serait mort sans les avoir contractées; et c'est à la succession du donateur que devra revenir cette somme, par application de l'art. 946.

Il résulte enfin du même art. 945, que la condition qui mettrait à la charge du donataire les dettes futures, en général, rendrait la donation complétement nulle, sans qu'il fût permis au donataire d'en profiter, en considérant cette condition comme non écrite, et en se bornant aux charges qui auraient pu lui être valablement imposées. Nous voyons que la loi se montre ici plus rigoureuse que dans le cas d'une donation cumulative de biens présents et à venir. C'est que la loi, se faisant l'interprète de l'intention des parties, a supposé qu'il entrait dans leur pensée, dans le premier cas, que la disposition ne pût être exécutée que dans son ensemble, le donateur étant censé n'avoir donné qu'à la condition que le donataire exécuterait, indistinctement, toutes les charges qu'il avait acceptées. Dans le cas, au contraire, d'une donation cumulative de biens présents et à venir, cet intérêt du donateur n'existant plus, la loi n'a pas trouvé d'inconvénients à maintenir la donation de biens présents, tout en déclarant nulle celle des biens à venir.

SECTION II.

De la révocation des donations.

La loi signale, dans l'art. 953, trois exceptions au principe de l'irrévocabilité des donations entre vifs. Ainsi, d'après cet article, une donation pourra être révoquée dans les trois cas suivants :
1° Inexécution des charges imposées au donataire;
2° Ingratitude du donataire;
3° Survenance d'enfants au donateur, s'il n'en avait pas au moment de la donation.

La révocation constitue-t-elle, dans ces trois cas, une véritable exception au principe de l'irrévocabilité?

Nous ne le pensons pas. Ce principe, en effet, peut se formuler ainsi : la révocation des donations entre vifs ne peut être subordonnée à une condition potestative de la part du donateur. On ne devra donc considérer comme dérogeant à ce principe, que les révocations dépendantes d'une condition de cette nature, soit expresse, soit tacite. Or, dans le premier cas, la condition tacite à laquelle est subordonnée la révocation de la libéralité, condition analogue à celle qui est toujours sous-entendue, d'après l'art. 1184, dans les contrats synallagmatiques, pour le cas où l'une des deux parties ne satisfera point à ses engagements, cette condition, disons-nous, tout-à-fait indépendante de la volonté du donateur, ne saurait enlever à la donation son caractère d'irrévocabilité. Nous en dirons autant du second des trois cas énoncés, car l'ingratitude du donataire est un fait qu'il n'est nullement au pouvoir du donateur de provoquer ou d'empêcher. Ce cas se distingue, il est vrai, du précédent, en ce que le fait qui donne lieu à la révocation n'a pas été prévu, même tacitement, à l'époque du contrat ; mais cette circonstance, qui peut influer sur les effets de cette révocation, n'infirme en rien l'observation que nous venons de faire. Quant à la survenance d'enfants, condition résolutoire tacite que la loi elle-même a stipulée pour le donateur au moment du contrat, c'est une condition potestative de la part de ce donateur, en ce sens du moins qu'il ne tient qu'à lui de ne pas avoir d'enfants. Elle imprime donc à la donation un certain caractère de révocabilité ; mais ce caractère est bien loin d'être absolu, puisque s'il peut dépendre du donateur de ne pas avoir d'enfants, il ne dépend pas toujours de lui d'en avoir.

En résumé, donc, la révocation pour cause de survenance d'enfants est la seule des trois causes indiquées par la loi qui constitue une exception au principe de l'irrévocabilité des donations entre vifs, et encore même cette exception n'est-elle qu'imparfaite.

§ 1er. — Inexécution des charges.

Nous disons *charges* et non pas *conditions*, comme le fait l'article 953, parce qu'il s'agit ici, non pas d'événements futurs et incertains, à l'accomplissement desquels la donation serait subordonnée, mais d'obligations imposées au donataire par le donateur. Le mot *condition* de l'art. 953 est donc impropre ; il doit être pris dans le sens que nous venons de lui donner.

Cette inexécution fait rentrer dans les mains du donateur les biens donnés, libres de toutes charges et hypothèques du chef du donataire (art. 954).

Quant aux fruits, nous pensons que le donataire sera tenu de les restituer du jour de l'inexécution ; car, depuis ce jour, il a été de mauvaise foi, et il serait par conséquent injuste qu'il profitât, d'une manière quelconque, de la libéralité qu'on lui a faite. Il faudrait cependant lui tenir compte de la valeur des charges qu'il pourrait avoir exécutées.

L'effet de cette révocation n'a pas lieu de plein droit, et c'est en cela qu'elle diffère de la résolution qui s'opère par suite de l'arrivée d'un événement prévu (art. 1183). Elle doit être prononcée en justice sur la demande du donateur. Le juge pourra même, suivant les cas, accorder au donataire un délai modéré qui lui permette de remplir son obligation. Mais si le donataire, après l'expiration de ce délai, se laisse de nouveau poursuivre par le donateur, le tribunal devra prononcer la révocation définitive de la libéralité.

Le donateur, ses héritiers, et même, en vertu de l'art. 1166, ses créanciers, pourront invoquer pendant trente ans, contre le donataire et ses héritiers, l'action en révocation pour cause d'inexécution des charges (art. 2262) ; mais les tiers détenteurs pourront, suivant nous, se prévaloir de la prescription par dix ou vingt ans, s'ils se trouvent dans les conditions de l'article 2265.

§ 2. — Ingratitude.

Il serait contraire à la justice, à la morale, que le donataire ingrat continuât à jouir de la donation que lui a faite celui dont il a méconnu les bienfaits. Aussi, la loi permet-elle au donateur de révoquer cette donation pour cause d'ingratitude, mais seulement dans les trois cas suivants :

1° Lorsque le donataire a attenté à la vie du donateur ;

2° Lorsqu'il s'est rendu coupable envers lui de sévices, de délits ou d'injures graves ;

8° Lorsqu'il lui a refusé des aliments.

Il est facile de reconnaître, dans ces trois cas, les cinq cas énumérés dans la loi 10, au Code, *de revocandis donationi-*

bus, à l'exception cependant de l'inexécution des charges dont le Code Napoléon, comme nous venons de le voir, a fait une cause spéciale de révocation, parce qu'elle a des effets qui lui sont propres.

En comparant l'art. 955, qui contient cette énumération, et l'art. 727, qui nous dit dans quel cas un héritier est déclaré indigne, et par suite exclu de la succession, nous voyons que la loi s'est montrée plus sévère pour le donataire que pour l'héritier.

Examinons successivement chacun des cas prévus par l'article 955.

1° Attentat à la vie du donateur.

La loi n'exige pas, comme pour l'héritier, que le donataire ait été condamné pour avoir attenté à la vie du donateur. Il suffit que le fait existe, en même temps que l'intention coupable du donataire, pour que le donateur puisse intenter son action en révocation; d'où il suit que cette action, étant tout à fait indépendante de l'action pénale, continuerait à subsister quand bien même cette dernière serait éteinte par prescription.

2° Sévices, délits ou injures graves.

Le mot sévices doit s'appliquer à tous les actes de violence soit physique, soit morale, dont le donataire pourrait s'être rendu coupable envers le donateur.

Il n'est pas nécessaire que le délit soit dirigé contre la personne du donateur, pour que ce dernier puisse demander la révocation de sa libéralité. Le délit contre ses biens aurait le même effet que le délit contre sa personne.

Le délit cependant, dans le sens qu'on attache à ce mot en matière pénale, ne sera pas toujours une cause de révocation. Le juge pourra se dispenser de la prononcer, s'il n'a pas un caractère de gravité suffisant. Il en sera de même dans le cas d'injure.

Le tribunal devra prendre en considération, dans l'appréciation qu'il fera des paroles, des écrits ou des actes constituant l'injure, la position respective du donateur et du donataire, la publicité donnée à ces paroles, à ces actes, à ces écrits; toutes les considérations, en un mot, capables d'aggraver ou d'amoindrir l'injure.

3° Refus d'aliments.

Cette dernière cause de révocation a été admise par le Code pour faire cesser une controverse qui existait antérieurement. Les auteurs, en effet, n'étaient pas d'accord sur la question de savoir si ce refus suffirait pour motiver une demande en révocation. La plupart d'entre eux cependant décidaient la question dans le sens de l'affirmative. Cette opinion, qui avait fini par prévaloir, le Code l'a sanctionnée par son art. 995.

Nous pensons que le donataire ne sera obligé de fournir des aliments au donateur que dans le cas où celui-ci n'aurait aucun parent ou allié, légalement tenu de pourvoir à sa subsistance, et en position d'ailleurs de s'acquitter envers lui de cette obligation légale. Nous pensons aussi qu'il faudra proportionner les aliments, non pas à la fortune du donataire, mais à l'importance des biens donnés.

De ce principe, que la révocation pour cause d'ingratitude est une peine que la loi a voulu infliger au donataire, ou plutôt qu'elle a mise à la disposition du donateur outragé, découlent plusieurs conséquences développées dans les art. 956, 957 et 958.

1° Cette révocation n'a pas lieu de plein droit.

Il faut qu'elle soit prononcée en justice, sur la demande du donateur, à qui doit être laissée la faculté de pardonner si bon lui semble, et qu'il n'était pas convenable d'ailleurs de constituer juge absolu du fait d'ingratitude.

2° Le pardon doit généralement se présumer.

Aussi la loi, modifiant en ce point l'ancienne jurisprudence qui ne voyait, dans cette action en révocation, que l'accessoire de l'action principale naissant du crime ou du délit constituant le fait d'ingratitude, et pour éviter toutes difficultés à cet égard, a-t-elle voulu que cette action fût exercée dans un délai fixe et assez court d'ailleurs. Ainsi, d'après l'art. 957, le donateur sera censé avoir renoncé à son action s'il laisse écouler un an depuis le jour où le fait d'ingratitude imputé au donataire a été connu ou pu être connu de lui.

3° La demande en révocation pour cause d'ingratitude n'appartient qu'au donateur.

L'art. 957 fait cependant une exception en faveur de ses héritiers. D'après cet article, ils pourront continuer l'action si le donateur l'avait déjà intentée, ou s'il est mort dans l'année à compter du jour où il a connu ou pu connaître l'ingratitude du donataire, nonobstant la fin de l'art. 957 mal rédigée ; mais, dans ce dernier cas, les héritiers du donateur n'auront, pour intenter leur action, que le temps qui restait encore au défunt. Ils ne font que prendre, en effet, dans la succession de leur auteur, le droit de révocation tel qu'il existait pour lui-même.

4° L'action en révocation ne peut être exercée que contre le donataire.

L'art. 957 est tellement explicite, à cet égard, qu'il nous paraît impossible d'admettre que l'action intentée par le donateur puisse être continuée contre les héritiers du donataire, si ce dernier venait à mourir pendant l'instance avant le prononcé du jugement.

5° Le droit qu'a le donateur et, dans certains cas ses héritiers, de demander la révocation de la donation pour cause d'ingratitude, ne saurait porter préjudice aux tiers qui auraient acquis du chef du donataire, sur l'immeuble donné, un droit de propriété, d'hypothèque ou tout autre droit réel. Aussi, toutes ces acquisitions sont-elles maintenues par la loi (article 958), pourvu, toutefois, qu'elles soient antérieures à la date de l'inscription de la demande en révocation, sur le registre du conservateur des hypothèques, en marge de la transcription prescrite par l'art. 939. A partir de cette époque, en effet, les tiers ont pu connaître l'intention qu'avait le donateur de reprendre les biens qui faisaient l'objet de la donation.

Si la donation n'avait pas été transcrite, le donateur pourra en demander la transcription, et faire inscrire ensuite, en marge, sa demande en révocation. Dans la pratique même, on se borne à faire inscrire cette demande dans le corps du registre des transcriptions.

Ce qui précède ne saurait évidemment s'appliquer aux donations de meubles ou de créances. Dans ce dernier cas, nous pensons que le donateur devra notifier au débiteur sa demande en révocation, et que l'acquisition de cette créance par un tiers serait valable si elle était antérieure à cette notification. La révocation une fois prononcée, faisant, en effet, rentrer la créance dans les biens du donateur, à compter du jour de la demande, il s'opère, dans ce cas, une sorte de transport. Or, un transport de créance ne peut être opposé aux tiers, si notification n'en a pas été faite au débiteur.

Le donateur devra restituer les biens, eu égard à la valeur qu'ils avaient au jour de la demande ; et, quant aux fruits, il sera obligé de les rendre à compter de ce jour (art. 958). Entre le donataire et le donateur, en effet, la révocation rétroagit au jour de la demande.

6° Les donations en faveur de mariage ne sont pas révocables pour cause d'ingratitude (art. 959).

L'ingratitude de l'un des époux ne saurait porter préjudice à l'autre époux et aux enfants nés ou à naître du mariage.

§ 3. — Survenance d'enfants.

Admise en droit romain, mais seulement pour les donations faites par un patron à son affranchi, cette cause de révocation fut appliquée par notre ancien droit français à toute espèce de donations, et c'est avec ce dernier caractère qu'elle passa dans l'ordonnance de 1731. Le Code a fait aussi de la survenance d'enfants une cause de révocation, et les art. 960 à 966 ne sont même que la copie à peu près textuelle des art. 39 à 45 de l'ordonnance de 1731.

Le motif qui a fait admettre cette cause de révocation est fondé sur cette présomption que le donateur, s'il avait connu lors de la donation, le sentiment de la paternité, ne se fût pas aussi facilement dépouillé de ses biens.

La loi, se faisant donc l'interprète de ce sentiment, a décidé que la survenance d'un enfant, au donateur qui a fait une libéralité, quand il était encore sans enfant, aura pour effet de la révoquer.

Toutes donations entre vifs, d'après l'art. 960, *de quelque valeur qu'elles puissent être, à quelques titres qu'elles aient été faites, et encore même qu'elles fussent mutuelles ou rémunératoires,* sont soumises à cette révocation. Il n'y a d'exception que *pour celles que les époux se font entre eux par contrat de mariage, et celles qui leur sont faites par leurs ascendants dans le même contrat.* L'art. 1096 ajoute cependant à ces deux exceptions, les donations que les époux se font entre eux pendant le mariage.

Remarquons, sur l'art. 960, dont chaque mot est, en quelque sorte, la solution d'une difficulté pratique antérieure à l'ordonnance, la disposition relative à la donation mutuelle. Si, dans ce cas, la révocation de l'une des donations n'influe en rien sur l'existence de l'autre; si le donateur peut garder les biens qui lui ont été donnés et reprendre ceux qu'il avait donnés lui-même, c'est que les deux donations, contrairement à l'opinion de Ricard et conformément à celle de Pothier (1), ne sont pas la cause l'une de l'autre. Chacune d'elles a une cause qui lui est propre : le désir, chez le donateur, de faire une libéralité.

C'est à tort que l'art. 960 présente les donations faites par les ascendants aux époux, comme une exception à la règle : il est clair, en effet, que ce n'est pas là une exception, puisque les ascendants avaient déjà des enfants à l'époque de la donation.

La seule et véritable exception établie par l'art. 960, celle concernant les donations que les époux se font par contrat de mariage, s'explique naturellement par cette idée, que les époux se sont mariés précisément pour avoir une famille, et qu'il serait dès lors assez étrange, que la réalisation de leurs vœux devînt une cause de révocation de ces libéralités. Les enfants, d'ailleurs, n'y sont que médiocrement intéressés, puisque les biens qu'ils ne trouveront pas dans la succession de l'un des époux, ils les trouveront dans la succession de l'autre.

L'exception de l'art. 1096, relative aux donations que les époux se font entre eux pendant le mariage, s'explique par la même idée, et par cette considération, que l'époux, ayant eu, jusqu'à sa mort, la faculté de révoquer, à son gré, est censé

---

(1) Pothier, revu par Bugnet, des donations, sect. 3, art. 2, § 1.

avoir maintenu la donation, malgré la survenance d'enfants, par cela seul qu'il n'a pas manifesté une intention contraire.

Pour que la révocation ait lieu, il faut :

1° Que le donateur n'ait eu, au moment de la donation, aucun enfant ou descendant actuellement vivant ;

2° Qu'il lui soit survenu, postérieurement à cette donation, un enfant ou descendant légitime, ou même un enfant naturel, s'il est d'ailleurs légitimé (art. 960).

Examinons séparément chacune de ces deux conditions :

1° Dans cet art. 960, la loi ne distingue pas entre les enfants, les petits-enfants, ou arrière-petits-enfants; mais comme l'article ne distingue pas non plus entre l'enfant naturel et l'enfant légitime, faut-il en conclure que l'existence, au moment de la donation, d'un enfant naturel reconnu, serait un obstacle à la révocation, dans le cas où il naîtrait, postérieurement, un enfant légitime au donateur ? Nous ne croyons pas que le Code, bien qu'il ne se soit pas expliqué d'une manière formelle à cet égard, ait dérogé, sur ce point, au droit en vigueur sous l'ordonnance de 1731, qui, d'après l'opinion de Pothier, n'admettait pas que l'existence d'un enfant naturel, au moment de la donation, pût empêcher la révocation d'avoir lieu plus tard. Ce qui prouve d'ailleurs que telle n'a pas été la pensée du législateur, c'est qu'il n'a pas voulu que la survenance d'un enfant naturel révoquât la donation. S'il en est ainsi, pourquoi sa présence, au moment de la donation, deviendrait-elle un obstacle à la révocation ?

L'art. 961 déclare expressément que l'enfant conçu au temps de la donation n'empêche pas que la donation ne soit plus tard révoquée.

Les enfants adoptifs et les enfants morts civilement doivent être placés, suivant nous, quant à la question qui nous occupe, sur la même ligne que les enfants naturels.

Quant à l'enfant absent, nous distinguerons suivant la période de l'absence, pendant laquelle la donation a pu être faite. Si c'est avant le jugement de déclaration d'absence, la donation sera présumée irrévocable, puisque la présomption de vie domine dans cette période ; si c'est postérieurement au jugement déclaratif d'absence, la loi, présumant alors plutôt la mort que la vie de l'absent, la donation sera présumée révocable : sauf, dans le premier cas à décider que la donation a été révocable, s'il est prouvé plus tard que l'enfant, qu'on présumait en vie, était mort en réalité ; et, dans le second cas, à décider que la donation n'a pas été révocable, s'il est prouvé que l'enfant, présumé mort, était réellement vivant.

2° Quand la première condition se trouve réalisée, il suffit, pour que la donation soit révoquée, qu'il naisse au donateur un enfant légitime, fût-il posthume ou conçu même antérieurement à la donation. Elle sera pareillement révoquée si le donateur légitime l'enfant naturel qui lui est né depuis la donation (articles 960 et 961).

La légitimation de l'enfant naturel, d'après l'art. 960, n'est une cause de révocation, que s'il est né depuis la donation. C'est là une modification apportée à l'art. 39 de l'ordonnance, qui ne faisait aucune différence entre l'enfant né *avant* et l'enfant né *après* la donation. Cette modification fut adoptée, sur l'observation du Tribunat, par ce motif qu'il était injuste, immoral, que l'enfant naturel, né avant la donation, fût mieux traité par la loi que l'enfant légitime né à la même époque.

L'adoption d'un enfant par le donateur, et le retour de l'enfant pendant l'absence duquel la donation aurait été faite, ne sauraient être une cause de révocation.

Nous déciderons, au contraire, que la rentrée de l'enfant dans la vie civile, opère la révocation de la donation qui aurait été faite pendant qu'il était mort civilement.

La survenance d'un enfant, dans les conditions que nous venons d'examiner, opère la révocation de plein droit; et il ne dépendrait pas d'un tribunal d'en retarder ou d'en modifier les effets. Les biens compris dans la donation rentreront dans le patrimoine du donateur, libres de toutes charges et hypothèques du chef du donataire, sans qu'ils puissent même, contrairement à ce qui a lieu pour le cas de retour conventionnel, demeurer affectés à l'hypothèque subsidiaire de la femme, le donateur se fût-il obligé, comme caution, à l'exécution du contrat de mariage (art. 963).

Le donataire ne sera obligé de restituer que les fruits qu'il aura perçus depuis le jour où, soit la naissance de l'enfant, soit sa légitimation, lui aura été régulièrement notifiée (art. 962). Il est juste qu'il en soit ainsi, puisque, dans l'intervalle de la naissance ou de la légitimation à la notification, le donataire a été possesseur de bonne foi.

L'effet de cette révocation est tellement absolu, que le donateur ne pourrait l'empêcher par aucune renonciation expresse ou tacite, antérieure ou postérieure à la survenance de l'enfant (art. 962 et 965). La mort même de cet enfant ne ferait pas revivre la donation, et si le donateur voulait donner les mêmes biens à la même personne, il serait obligé de faire une nouvelle disposition (art. 964).

La loi, dérogeant en faveur de cette révocation aux principes du droit commun en matière de prescription, a décidé (article 966), que les tiers acquéreurs seront traités comme le donataire ou ses héritiers; c'est-à-dire qu'ils ne pourront prescrire que par trente ans. Elle a décidé, en outre, que la prescription ne courra pour tous, sans préjudice des interruptions et des suspensions, telles que de droit, que du jour de la naissance du dernier enfant du donateur, même posthume, bien que ce soit la naissance du premier qui ait donné lieu à la révocation.

QUESTIONS.

I. La notification de l'acceptation est-elle nécessaire à la perfection du contrat? — Oui.

II. Le défaut de transcription peut-il être opposé par les héritiers du donateur? — Non.

III. Le donataire peut-il être contraint à l'exécution des charges de la donation? — Oui.

IV. La mort civile donne-t-elle ouverture au droit de retour conventionnel? — Oui.

V. L'art. 959 s'applique-t-il aux donations que les époux se font entre eux par leur contrat de mariage? — Non.

VI. L'existence, au moment de la donation, d'un enfant naturel reconnu, fait-elle obstacle à la révocation pour cause de survenance d'enfant? — Non.

VII. Dans les cas prévus par l'art. 966, le donataire conserve-t-il les biens à titre de biens donnés ou à titre de biens prescrits? — Il les conserve à titre de biens prescrits.

Vu par le Président,
OUDOT.

Vu par le Doyen,
C.-A. PELLAT.

JUS ROMANUM.

DE DONATIONIBUS.

(Dig., lib. xxxix, tit. 5. — Cod., lib. 8, tit. 54.— Fragm. Vaticana de donationibus ad legem Cinciam, § 266-316.)

I. QUID DONATIO?

Donatio a dono dicta sic definiri potest : liberalitas, nullo jure cogente, in accipientem collata, sive aliquid detur, sive quis aliquid dare facereve se obliget.

Donationum varia dicuntur esse genera : donatio inter vivos, donatio mortis causa, donatio propter nuptias, donatio inter virum et uxorem : sed de sola inter vivos donatione dicemus.

Quæ quidem, aut mera, aut sub conditione esse potest.

Primo, si quis ea mente dederit, ut res statim fiat accipientis, nec ullo modo ad se revertatur, hæc proprie donatio appellatur.

Secundo, si rem tibi dederim ut tunc demum tua fiat cum aliquid insecutum fuerit, aut cum tibi hac mente dedero, ut res fiat tua illico, sed si quid evenerit aut non evenerit, ad me revertatur, sub conditione donatio est. Non obstat igitur donationi conditio qua suspenditur aut sub qua resolvitur.

Non omnis quidem liberalitas donatio est : duæ enim conditiones, ut donatio existet, requirendæ sunt, scilicet : ut is qui donat, pauperior fiat; deinde ut is qui accipit, ditior efficiatur. Itaque si quis hereditatem, legatum aut fideicommissum repudiet, constat non esse donationem, quia pauperior non fit; non alienat, sed tantum acquirere negligit.

II. DE FORMA CONFICIENDARUM DONATIONUM.

Ad donationem conficiendam maxime requiritur consensus donatoris et donatarii. Etenim, nec inscius, nec invitus quisquam donat; et vice versa, nolenti nequit adquiri liberalitas; nec non ignoranti, nisi per eos quos in potestate sua paterfamilias habet. Consensus quamvis tacitus sufficit; non autem, quo conditio impletur, sed quo contrahitur tempore, requiritur.

Jure civili requiruntur alia præter consensum; enim vero lex Cincia id requirit, ut solemnis mancipatio interveniat, si res donata sit mancipi; vel saltem traditio, si res sit nec mancipi. Postea receptum fuisse videmus ut etiam ad donationem utilis esset stipulatio : ex qua actio nascebatur adversus donatorem, ut mancipare aut tradere teneretur rem in stipulatum deductam. Hoc adhuc ad formam donationum inter vivos requisitum fuit, ut non nisi nominatim et singulariter quicquam donari posset : nuda autem donandi conventio prorsus inutilis erat.

Præter corporalis traditionis necessitatem a qua jam recessum erat per fictæ traditionis species, quæ brevis manus aut symbolicæ dicuntur, Constantinus in donationibus alias necessitates invexit, scilicet ut in scriptis fierent et advocarentur testes quamplurimi, denique ut donatio insinuaretur. Omnes autem illæ solemnitates quæ circa formam donationum requirebantur, postea remissæ sunt, præter insinuationem : enim vero Justinianus constituit ut ex nuda conventione, citra ullam traditionem aut stipulationem, donatio valeret; ita ut ex pacto vel ex stipulatione agendum sit ad tradendam rem donatam, adeoque traditio non ad perfectionem donationis spectet, sed ad implementum et consummationem.

Unica igitur jure Justinianeo solemnitas observanda superest, scilicet donationum insinuatio in actis publicis. Sed nec omnibus donationibus necessaria remansit insinuatio, cum Justinianus facultatem donandi citra insinuationem produxit ad trecentos solidos; et si in pias causas facta esset donatio, ad quingentos (1).

III. QUIS DONARE NON POTEST.

Donandi sunt tria impedimenta :

1° Defectus consilii : mente captus quidem donare non potest;

2° Conditio personæ : filiusfamilias enim donationem perficere nequit, nisi voluntate ejus sub potestate cujus est : nec peculium illi pagano donare licet, quia non ad hoc concessit pater administrationem liberam peculii ut perdat. Attamen, cum testamenti factionem habet filiusfamilias miles, castrense aut quasi castrense peculium donare poterit.

3° Donationes post capitale crimen non valent, si secuta fuerit condemnatio; et donationes, post perduellionis crimen contractum, ratæ esse non possunt, etsi nondum postulatus vita decesserit, cum hæredem quoque teneat.

IV. CUI, QUANTUM ET QUID DONARI POTEST.

Extraneis vel ignotis collata valet donatio ; sed nemo donare potest eis quos in potestate habet, quippe servæ aut filio suo pater donans, sibimetipsi donare videtur : pater autem qui filiæ quam in potestate habuit mancipia donavit, et peculium mancipatæ non ademit, ex post facto donationem perfecit.

---

(1) L. 34, de don., § 1, eod.

Quælibet res donari possunt, et quavis origine ad donatorem pervenerint, mobiles et immobiles, corporales et incorporales, nuda proprietas, ususfructus, habitatio : sed in hoc casu si pro incerto tempore donatio facta fuerit, per donatoris vitam habitatio tantummodo permanebit et hæredes illius prohibere poterunt ne donatarius habitatione fruatur. Non idem juris est si remuneratoria fuerit donatio.

Lex Cincia, ut infra dicemus, non ultra certum modum nisi inter exceptas personas donare permittebat.

V. DE INOFFICIOSIS DONATIONIBUS.

Ad imitationem inofficiosi testamenti, similiter quærela de inofficiosis donationibus prævaluit. Sed hoc ita demum, si legitima parte defrauderentur liberi aut parentes.

Hæc donationum revocatio, tanquam inofficiosarum, prævaluit, sive donator testatus, sive intestatus decesserit.

A quærela inofficiosi testamenti differebat, in eo quod, per quærelam totum rescindebatur testamentum, per hanc autem actionem donatio intra debitam duntaxat liberis qui quærebantur portionem revocabatur.

Convenit autem cum quærela inofficiosi testamenti, in eo quod intra idem tempus competebat ; ab ea ex iisdem causis indignitatis, liberi et parentes submoverentur ;

Quæritur cur quærela de donationibus detur cum jam lex Cincia stet ?

Dici debet quærelam utilem esse, cum excepto datum fuerit, quia legis Cinciæ exceptio non valebat.

VI. DE DONATIONUM REVOCATIONE.

Ob certas causas donatio revocari potest : veteri jure donationes in libertum a patrono collatæ revocari poterant per vitam utriusque (frag. Vat., § 272). Idem erat sine dubio de donationibus a patre collatis filio suo emancipato. Diocletianus revocandi facultatem coarctavit, ita ut in his tantum casibus donatio a patre filio facta revocari posset, in quibus filii erga patrem ingrati sese ostendissent. Sed aliis donationibus facultas revocandi propter ingratitudinem denegabatur (frag. Vat., § 275). Posteriore tempore patronus revocare potuit tantum probata causa ingratitudinis, sed Constantius et Constans alteram causam revocationis introduxerunt, scilicet : si liberi patrono nati sint post donationem. Denique Justinianus omnibus donatoribus jus dedit suorum donationum propter ingratitudinem revocandarum. Sed non revocantur donationes ex sola pœnitentia; neque liberorum procreatione ; rescindi voluit donationes, cum donatarius injurias atroces in donatorem effunderet; vel manus impias inferret; vel ingentem jacturæ molem, aut vitæ ejus insidias strueret, aut denique non pareret conditionibus donationi adjectis.

VII. DE LEGE CINCIA.

Hæc lex anno 550 a M. Cincio Alimento, tribuno plebis, data est. Ne donationes, exceptis quibusdam cognatis vel affinibus, ultra certum modum fierent, prohibebat; sed hic modus nobis ignotus est.

Locum habebat inter leges quas Ulpianus imperfectas dicebat, quia si plus donatum fuisset intra legitimum modum valebat.

Itaque cum alicui major donatio facta fuisset, donatori actio non competebat ad rem vindicandam, sed illum cui datum fuerat cum eo agentem, exceptione legis Cinciæ repellebat.

Hic parvi non est momenti, donationes promissione factas a donationibus datione perfectis, secernere : donator enim qui summam majorem promisit, exceptionem perpetuam habere, indebiti condictione facultatem repetendi habebat quod solvisset (sicut videmus in frag. Vat., § 266, ad legem Cinciam).

Ex diverso, cum donator aliquid traderet, sine ulla ante facta stipulatione, non solvebat; quamobrem per condictionem indebiti agere ei non licebat.

Cum autem donatori recuperare liceret aliquo interdicto possessionem ejus rei quam mancipaverat, aut in jure cesserat, aut tradiderat, tunc contra donatarium illam rem vindicantem legis Cinciæ exceptione uti licebat donatori, ideoque rem servare.

Idem cum donator pure mancipavisset rem, fundi possessionem jure civili retinens, is cui res dabatur dominium habebat, attamen quia donator possessionem non amiserat illamque vindicatione sola amittere poterat, tunc exceptio legis Cinciæ illum auxiliabatur, remque servabat.

POSITIONES.

I. Donatio in antiquo jure non est modus acquirendi.

II. An, si plus datum sit quam legitimus modus, in totum rescindatur donatio? — Non rescinditur.

III. Lex Cincia non attinet ad donationes mortis causa factas.

IV. An donatio perfici potest sine acceptatione donatarii?— Perfici non potest.

V. Donatio conditionalis non evanescit, si donatarius vel donator moriatur, pendente conditione.

www.ingramcontent.com/pod-product-compliance
Lightning Source LLC
Chambersburg PA
CBHW060510050426
42451CB00009B/913